SPLIN

TORTUES NINJA™

SPLINTER MÈNE L'ENQUÊTE

Texte de Dave Morris
Illustré par Phil Jacobs

Traduit de l'anglais par Françoise Rose

LES CHEVALIERS D'ÉCAILLE

Dans la même collection :

La cité engloutie
Menace dans l'espace
Le trésor enfoui
Gare aux dinosaures !
Six coups et shuriken

L'édition originale de cet ouvrage a été publiée en langue anglaise
chez Transworld Publishers Ltd sous le titre :

SPLINTER TO THE FORE

Il y a environ quatorze ans, quatre petites tortues tombées dans les égouts de New York furent recueillies par Splinter, maître dans l'art millénaire du ninjutsu, cette science japonaise du camouflage et de l'espionnage.

Puis... Splinter et ses tortues furent exposés à une substance radioactive qui provoqua en eux d'étranges mutations. Splinter se transforma en un énorme rat parlant, et ses protégées devinrent les Tortues Ninja : farfelues, turbulentes, mais implacables envers les criminels.

Avec leur amie April O'Neil, reporter-vedette à TV 6, les Tortues se battent pour les bonnes causes et mènent une lutte sans merci contre Shredder, un ancien élève de Splinter, devenu le chef d'une bande de malfaiteurs.

Faites la connaissance de Leonardo, la « tête pensante » de l'équipe, qui garde son sang-froid en toutes circonstances, et sait également se servir d'une épée. De Donatello, le roi du bricolage ; il manie aussi le bâton avec une redoutable efficacité. De Raphaël, le farceur : son humour sarcastique soutient le moral de la troupe dans les situations les plus périlleuses, mais ses ennemis n'ont plus envie de rire quand il dégaine ses dagues. Et enfin, de Michelange, expert en karaté, et prêt à en faire la démonstration à quiconque s'interposerait entre lui et une part de pizza !

1

Parfois, Maître Splinter avait du mal à comprendre les Tortues.

Surtout les fois où, comme en ce moment, leur ardeur juvénile les empêchait de suivre ses cours avec toute l'attention nécessaire. Splinter avait passé une grande partie de la matinée à leur enseigner certaines prises très compliquées. Mais l'art ninja exige un entraînement bien sévère pour une bande de jeunes mutants impétueux. L'estomac de Michelange gargouillait chaque fois qu'il pensait à une pizza — ce qui lui arrivait de plus en plus souvent à mesure que l'heure avançait. Raphaël mastiquait sans cesse un chewing-gum, et faisait des bulles qui le distrayaient de ses exercices. Donatello s'était mis à lancer des regards pleins d'envie en direction de son skate, dans un angle de la pièce. Même Leonardo, d'habitude si appliqué, commençait à manifester des signes d'impatience.

Splinter aimait ses élèves comme ses propres fils, et il faisait de son mieux pour se montrer indulgent. Comme la majorité des adolescents, ils pensaient pouvoir tout apprendre en un jour. Splinter, lui, savait qu'un bon ninja devait se soumettre à un entraînement constant, à une discipline rigoureuse, pour parvenir à l'unité totale entre l'esprit et le corps.

Il finit par pousser un soupir. « Vous avez la tête ailleurs, mes enfants, dit-il. Tant que vous n'aurez pas la concentration requise, vous ne progresserez pas. »

Raphaël prit la parole : « Désolé, maître, mais nous sommes enfermés ici depuis si longtemps que nous commençons à nous sentir comme des sardines dans une boîte.

— C'est bizarre, dit Michelange. Moi, je me sens comme une pizza sur un plateau. On pourrait peut-être en commander une garnie de sardines ? »

Splinter avait saisi ce que Raphaël voulait dire. « Je comprends vos sentiments, dit-il. C'est difficile de vivre à l'écart du monde, mais c'est la loi du ninjutsu. Si nous nous montrons au grand jour, c'est obligatoirement sous le couvert de nos déguisements. La vie du ninja est une vie clandestine : moins de gens sont au courant de notre existence, et mieux cela vaut.

— Nous avons bien failli être filmés par une équipe de la télévision, lors de notre dernière rencontre avec Shredder, avoua Donatello.

— Tu vois toujours tout en noir, marmonna Michelange, qui rêvait en secret de devenir une vedette de la télé.

— Don a raison, Mike », dit Leonardo. Mais il avait une idée : « Ne pourrions-nous pas faire une petite sortie, maître ? Courir dans les égouts nous procurerait de l'exercice, tout en nous abritant des regards. »

Splinter hocha la tête. « Très bien. Je reconnais que ce n'est pas bon pour vous de rester coincés entre ces quatre murs. Prenez donc une heure de récréation, mais soyez de retour au bout de ce délai, et veillez à ce que personne ne vous voie.

— Ouf ! fit Raphaël, tandis qu'ils couraient au petit trot dans les tunnels, quelques minutes plus tard. J'avais oublié à quel point ça sentait mauvais ici, en été. Quelqu'un a apporté une pince à linge ?

— Pourquoi, tu veux faire la lessive ? demanda Michelange.

— Pour me pincer le nez, idiot ! dit Raphaël, en donnant à son ami une bonne tape sur la tête pour lui apprendre à être aussi stupide.

— Place ! hurla Donatello. J'arrive, les gars ! » Il dépassa les autres en trombe, glissant sur son skate et les éclaboussant copieusement d'eau d'égout.

« On dirait que la sortie tombe à l'eau, dit Raphaël, en ôtant son bandana pour le tordre. Tu as tort de nous prendre pour des poules mouillées, Don !

— Oui ! ajouta Leonardo en s'ébrouant. Si on lui flanquait une bonne *trempe,* les gars ? »

C'en était trop pour Donatello. Se retournant avec un sourire malicieux, il leur lança : « Il faudra d'abord m'attraper, bande de lambins ! » Et il fila comme une flèche le long du tunnel.

« A l'assaut ! » crièrent les autres, en se lançant immédiatement à sa poursuite. Ils avaient tous envie de chahuter après ces semaines d'entraînement intensif. Ils pataugeaient à qui mieux mieux, sans se soucier de se mouiller davantage.

Soudain, Donatello s'immobilisa. « Chut !... » commença-t-il, mais ses trois frères étaient déjà sur lui. Avec des cris de joie, ils lui firent boire la tasse.

« Ecoutez-moi, les gars... protesta Donatello en se débattant.

— C'est une ruse, dit Raphaël, sans se laisser émouvoir.

— Ouais, Don, tu ne t'en tireras pas aussi facilement, espèce de chauffard.

— Je vous assure que j'ai entendu quelque chose. Ecoutez! insista Donatello.

— Il a raison! fit brusquement Leonardo, en intimant aux autres l'ordre de se taire. Il y a quelqu'un devant nous. »

Sur le qui-vive, les quatre Tortues avancèrent lentement vers l'intrus. Elles apercevaient maintenant son ombre se profilant sur la paroi, éclairée par un rai de lumière filtrant par une grille. D'en haut leur parvenait le bruit assourdi de la circulation dans les rues.

« Doucement, chuchota Leonardo. Il ne faut pas se faire repérer. Rappelez-vous ce qu'a dit Splinter. »

Raphaël fixa l'ombre d'un regard menaçant. Qui que ce fût, elle se rapprochait. Et elle se déplaçait presque aussi silencieusement que les Tortues elles-mêmes. « Il est seul, fit-il remarquer à voix basse.

— Ne sous-estime pas l'adversaire, Raph », dit Donatello. On aurait cru entendre parler Splinter. « Comme disait Esope : il est seul, mais il se bat comme un lion. »

La silhouette mystérieuse émergea enfin et se figea sur place en découvrant les quatre formes tapies dans l'ombre. Entièrement vêtu de noir, le visage caché par un masque, l'individu porta la main à la massue tonfa qui pendait à sa ceinture.

« Sautons-lui dessus ! » cria Leonardo.

L'individu émit un grognement de surprise quand les Tortues apparurent dans le rayon de lumière. « Attendez... » commença-t-il, d'une voix à l'accent étranger. Avant que l'inconnu ait pu brandir sa massue, Michelange lui décocha un uppercut en pleine mâchoire, le mettant K. O.

Leonardo se pencha et lui arracha son masque. « Une femme ! » s'exclama-t-il.

Les autres se pressèrent autour de lui. « Une Japonaise, déclara Donatello.

— Mike, espèce de crétin, grommela Raphaël, elle ne voulait pas se battre. Tu n'as pas entendu ce qu'elle disait ? »

Michelange ouvrit les mains. « Oh, c'est ça, enguirlande-moi ! J'ai seulement fait ce que Leo nous disait de faire. Hé, regardez ce symbole sur son bandeau. N'est-ce pas l'emblême des Foot ? » Il désignait un motif représentant un dragon écarlate.

Donatello inspecta le bandeau de plus près et secoua la tête. « Non, les guerriers Foot de Shredder portent comme symbole un griffon aux ailes déployées. Ce dragon-ci ressemble plus à un serpent, et il est dépourvu d'ailes.

— Bon, je n'aurai que trois sur dix à l'épreuve d'identification, reconnut Michelange, mais je crois qu'elle revient à elle. »

La femme poussa un gémissement et se redressa, en massant la bosse qu'elle s'était faite en tombant. « Vous devez être les Tortues Ninja, fit-elle. Dites-moi, êtes-vous toujours aussi hostiles envers les visiteurs ?

— Il vaut mieux avoir les réflexes prompts, avec le genre de visiteurs qui rôdent par ici, expliqua Raphaël. Il est rare que ce soit le facteur venant nous annoncer que nous avons gagné le gros lot à la loterie de New York, vous savez. »

Leonardo avait d'autres préoccupations. « Pourriez-vous nous dire qui vous êtes ? Et comment vous connaissez notre existence ? »

La femme se releva et remit la massue tonfa dans sa ceinture. « Je suis Murazami Mieko. Je suis une ninja, comme vous. Et, bien que la plupart des gens ignorent votre existence, cela a fini par se savoir, dans la communauté ninja, que quelqu'un donnait du fil à retordre à un gros bonnet comme Oroku Saki.

— Oroku Saki ! Shredder ! s'écrièrent les Tortues, à nouveau sur leurs gardes.

— Ainsi, vous êtes de son côté ! s'exclama Michelange. Je le savais...

— Vous recommencez !... dit Mieko. Pourquoi n'attendez-vous pas d'avoir entendu toute l'histoire, avant de vous énerver ?

— Elle a raison, les gars, déclara Raphaël. Ecoutons d'abord son histoire, et nous nous énerverons après.

— Entendu, répondit Leonardo. Vous feriez peut-être mieux de venir avec nous et d'avoir un entretien avec notre sensei, Maître Splinter. Mais n'essayez pas de nous jouer un tour...

— Je ne connais aucun tour, dit Mieko en souriant. Mais si l'un de vous en connaît, il pourrait peut-être faire disparaître cette grosse bosse que j'ai sur le crâne. »

2

Tandis qu'ils regagnaient le repaire des Tortues, Leonardo demanda à Mieko ce qu'elle faisait dans les égouts.

« Je vous cherchais, évidemment, répondit-elle.

— Comment saviez-vous que nous vivions ici ? questionna Michelange.

— Je n'en étais pas sûre. Mais les égouts sont des lieux humides et secrets, qui permettent de circuler à travers toute la ville en restant invisible. Quelle meilleure cachette pour un groupe de Tortues Ninja ?

— Vous avez eu de la chance que nous tombions sur vous, glissa Raphaël.

— Ma foi, je ne sais pas, dit Mieko en tâtant la bosse qui lui ornait la tête.

— Raph veut dire que vous n'auriez jamais découvert notre antre en errant au hasard », intervint Donatello. Il tourna à l'angle d'un nouveau conduit, puis ouvrit une porte.

En entrant, Mieko comprit à quel point Donatello avait raison : nul n'aurait pu dénicher le repaire des Tortues par accident ; il était situé au cœur d'un véritable labyrinthe.

Splinter était assis en tailleur dans son fauteuil préféré, plongé dans une profonde méditation. S'il fut étonné de voir ses élèves lui ramener une visiteuse, cela ne se traduisit que par un imperceptible froncement de ses sourcils broussailleux.

« Maître, commença Leonardo. Voici Mieko. Elle rôdait dans les égouts à notre recherche.

— Je n'aime pas le terme " rôdait ", dit Mieko, en contemplant avec ébahissement le rat mutant. Mais oui, c'est vrai, je cherchais vos élèves — seulement, ce sont eux qui m'ont trouvée les premiers. »

Splinter la vit grimacer en effleurant sa bosse. « Ah, mes fils, dit-il d'un ton affligé, combien de fois vous ai-je répété que la violence ne doit être utilisée qu'en dernier recours. Seuls les ignorants agissent ainsi.

— Alors, c'est parfait, maître, railla Raphaël, parce que c'est Mike qui l'a assommée... et c'est un ignorant, pas de doute là-dessus ! »

Il fallut un certain temps à Michelange pour comprendre qu'il avait été insulté. Avant qu'il ait pu réagir, Splinter leva les mains pour réclamer le silence. « Ecoutons ce que notre invitée a à nous dire, proposa-t-il. Asseyez-vous », poursuivit-il, en regardant la jeune femme. Mieko s'installa sur le canapé en face de lui. « Mieko... Mieko ? reprit Splinter d'un ton pensif. Pourquoi ce nom me semble-t-il familier ?

— Je ne vois vraiment pas pourquoi, répondit Mieko. Je n'avais encore jamais rencontré de rats. Ni de tortues, d'ailleurs. Quand on a commencé à parler d'un groupe de ninja mutants opérant aux Etats-Unis, et contrariant constamment les plans de Shredder, mon maître a examiné les quelques rapports de première main dont nous disposions. Selon lui, votre technique de combat ressemble énormément à la nôtre. Et cela l'a conduit à penser que votre maître a dû appartenir autrefois au même clan que lui.

— C'est-à-dire... ? interrogea Splinter.

— Le Clan Foot, répondit Mieko.

— Je le savais ! Je vous l'avais bien dit ! explosa Michelange. Elle fait partie du gang de Shredder !

— Michelange ! le réprimanda Splinter. Tu es bien impoli envers notre visiteuse. Elle a dit que son maître appartenait *autrefois* au Clan Foot, comme c'était effectivement mon cas, il y a bien longtemps. Cela n'a pas toujours été l'organisation criminelle qu'elle est devenue sous la coupe de l'infâme Shredder. Jadis, les Foot formaient un clan honorable.

— Excusez-moi... fit Mieko, en se

penchant pour dévisager Splinter. Vous dites que vous étiez jadis un membre des Foot ? Je sais que les choses étaient bien différentes à l'époque, mais ne me dites pas qu'ils avaient l'habitude d'admettre des rongeurs parmi eux.

— La substance radioactive qui a transformé mes élèves est également responsable de ma métamorphose. Je suis à présent à demi rat, mais j'étais autrefois un homme appelé Hamato Yoshi... »

Mieko en resta bouche bée. « Maître Yoshi ? Je me souviens de vous...

— Et moi aussi, je me souviens maintenant, Murazami Mieko, reprit Splinter avec un sourire chaleureux. Vous n'étiez qu'une enfant quand vous êtes venue pour la première fois dans mon dojo. Cela se passait peu après que Shredder eut transformé le Clan en une armée de criminels. »

Mieko tomba à genoux et se prosterna. « Pardonnez-moi de ne pas vous avoir reconnu tout de suite, Maître Yoshi, dit-elle.

— Eh bien, c'est ce qui s'appelle

changer de ton », murmura Raphaël dans un souffle.

Mieko ne l'entendit pas. Elle était encore sous le coup de la stupéfaction provoquée par la métamorphose de son ancien professeur. Au bout d'un moment, elle poursuivit son récit : « Quand Oroku Saki fut devenu maître des Foot, beaucoup parmi nous refusèrent de participer à ses projets malfaisants. Nous sommes partis et avons formé un groupe dissident, appelé le Petit Orteil. Nous maintenons les nobles traditions des fondateurs du Clan, et nous consacrons à protéger nos semblables et à faire le bien.

— Notre petit groupe possède aussi quelques traditions bien établies, Mieko, déclara Splinter, au nombre desquelles figure un... euh, une gourmandise appelée pizza. Accepteriez-vous d'en partager une avec nous tout en nous expliquant la raison de votre venue ?

— Excellent ! s'écria Donatello.

— Extra ! s'exclama Raphaël.

— Génial ! exulta Leonardo.

— Une spéciale aux piments rouges, sans anchois ! » brailla Michelange.

Pendant qu'ils s'asseyaient à table pour manger, Mieko leur raconta pourquoi elle s'était donné tant de mal pour les trouver. « Notre Clan a été engagé par la Kito Corporation, qui construit un parc d'attractions au nord de l'Etat de New York. Ce projet inclut des terrains de sport, une réserve d'animaux sauvages, des hôtels, des piscines, un terrain de golf, tout ce qu'on peut imaginer.

— Une sorte de Disneyland, s'extasia Michelange, mais ici, à New York ! On peut y aller, maître ?

— Michelange, le morigéna Splinter, ce parc n'est même pas encore construit.

— Et il ne le sera peut-être jamais, reprit Mieko, en s'efforçant de saisir sa part de pizza entre ses baguettes. Depuis le début, les catastrophes s'acharnent sur l'entreprise. Tout a commencé par des incidents mineurs, les excavatrices tombant en panne, par exemple ; puis les fondations du premier hôtel se sont effondrées aussitôt terminées. Depuis, la situation n'a fait qu'empirer, et ce qui ressemblait d'abord à de la malchance a pris l'aspect d'un sabotage pur et simple. La Kito Corporation a loué nos services pour découvrir ce qui se passait, et arrêter les responsables. Mais jusqu'ici, nous avons fait chou blanc.

— Hmm ! » Splinter contempla son propre repas — riz et sushi, plutôt que pizza — et se frotta le nez. « Très ennuyeux. Si vous ne remplissez pas votre mission, le Clan sera déshonoré, encore plus qu'il ne l'est déjà par les méfaits de Shredder, et la réputation léguée par nos ancêtres sera couverte d'opprobre.

— Quelle chance que ma quête m'ait menée jusqu'à vous, Yoshi-sama ! dit Mieko. En tant qu'ancien membre du Clan, vous comprenez notre situation.

— Je préfère être appelé Splinter, maintenant, mais tu as raison, Mieko. Préserver son honneur est une chose capitale. Mes élèves et moi-même défendons également les principes originels de l'art ninja, tourné vers le bien. Nous t'aiderons. »

« Je viens d'avoir une idée peu réjouissante, les gars, déclara Donatello un peu plus tard, tandis qu'ils faisaient la vaisselle. Qui, plus que quiconque, a intérêt à salir la réputation du groupe dissident ?

— Shredder, répondit Raphaël. Ça lui ressemble bien.

— Heu... Shredder est le dernier de nos soucis pour le moment, les mecs...

— Que veux-tu dire, Mike? questionna Leonardo, inquiet.

— Nous n'avons plus de liquide à vaisselle, répondit Michelange, en brandissant le flacon vide. Et il reste encore toute la vaisselle d'hier à laver ! »

3

A la grande joie des Tortues, il se révéla que Mieko était venue à New York dans un petit avion. Le voyage vers le chantier du parc d'attractions promettait d'être des plus excitants ! Ils arrivèrent à l'aube sur l'aérodrome, et Splinter et ses élèves profitèrent de la pénombre pour monter à bord de l'appareil sans qu'on les voie. Pendant ce temps, Mieko — maintenant vêtue d'une élégante combinaison, au lieu de sa tenue ninja — se rendit à la tour de contrôle pour remplir le livre de vol.

« Nous avons adopté des méthodes

un peu plus modernes, au cours des dernières années, expliqua-t-elle à son retour. Se glisser dans les rues à pas furtifs, en pyjama noir, avec un masque sur la figure, serait un peu trop voyant dans le monde où nous vivons, non ?

— A qui le dites-vous ! acquiesça Leonardo. Les acolytes de Shredder se font toujours remarquer.

— Oui, renchérit Michelange. Ces *Foot* sont bêtes comme leurs *pieds !*

— Crois-moi, Mike, déclara Leonardo. Si j'avais trouvé ce jeu de mots valable, je l'aurais fait moi-même.

— Ce voyage va durer longtemps ? grogna Raphaël, tandis que Mieko amenait l'avion sur la piste. En parlant de sardines hier, je ne pensais pas si bien dire ! » Il s'agita sur son siège, essayant en vain d'étendre ses jambes.

« C'est un Cessna 182, Raph, expliqua Donatello d'un ton compétent. Il ne transporte habituellement que deux passagers.

— En fait, c'est un Turbo Skyline RG II, rectifia Mieko. Identique au 182, mais avec quelques petites améliorations. Le turbomoteur devrait être en mesure de supporter le poids supplémentaire.

— Ha, ha ! Monsieur Je-Sais-Tout », se moqua Raphaël en faisant la nique à Donatello. Constater que son frère n'avait pas toujours raison en tout lui faisait un peu oublier l'inconfort de sa position.

Ayant effectué toutes les vérifications nécessaires, Mieko ouvrit les gaz. L'avion commença à accélérer.

Splinter, perché à côté d'elle sur le siège du passager, jeta un coup d'œil sur l'indicateur de vitesse puis regarda par la fenêtre. « Hmm ! remarqua-t-il, avec un léger trémolo dans sa voix d'ordinaire si calme, cet engin est un peu plus rapide que le dirigeable des Tortues. »

Un bouquet d'arbres se dressait à moins de cent mètres devant eux. Michelange ouvrit des yeux horrifiés, puis se cacha le visage dans ses mains. « Nous allons nous écraser ! Nous allons nous écraser ! glapit-il, en rentrant à moitié la tête dans sa carapace.

— Relax, Mike, fit Donatello d'une voix apaisante. Nous avons décollé.

— C'est vrai ? demanda Michelange en ouvrant un œil. C'est vrai ! » Il regarda l'aérodrome et les champs qui l'entouraient rapetisser en dessous d'eux. « Waou, c'est géant !

— Mais c'est plus bruyant que le dirigeable », dit Leonardo, hurlant presque pour couvrir le rugissement du moteur.

C'était une belle journée sans nuage, et bientôt ils filaient vers le nord à des milliers de pieds au-dessus du sol. Moins d'une heure plus tard, Mieko annonça qu'elle amorçait sa descente. « La Kito Corp a installé un aérodrome privé sur le terrain qu'elle a acheté, expliqua-t-elle. Il n'y aura pas foule, mais je vous conseille de mettre vos déguisements, au cas où.

— Il fait un peu chaud pour s'attifer comme ça, se plaignit Raphaël en revêtant son imper et son chapeau.

— Et alors, on pourrait difficilement se déguiser avec des shorts et des lunettes de soleil, non ? répondit Leonardo. D'autre part, tu viens d'enfiler ton bras dans ma manche. »

En ronchonnant et en s'envoyant parfois des bourrades, les Tortues s'escrimèrent pour passer leurs déguisements dans l'espace restreint. Splinter, de son côté, arborait un chapeau de feutre et une longue cape.

Soudain, Mieko s'écria, d'un ton où perçait la panique : « Maître Splinter ! Le voyant du train d'atterrissage ne s'est pas allumé. »

Splinter était expert en ninjutsu, mais connaissait peu de chose aux machines. « Qu'est-ce que cela signifie ? »

Mieko se pinçait les lèvres, préoccupée. Elle tira sur le manche à balai pour ralentir la descente. « Ça signifie que le train d'atterrissage n'est pas sorti. Sans lui, l'avion va se fracasser à l'atterrissage. S'ouvrir comme une boîte de conserves.

— Cette histoire de sardines en boîte commence à me taper sur les nerfs, dit Raphaël.

— Est-ce que ça ne pourrait pas venir

tout simplement du voyant ? » suggéra Michelange.

Mieko avala sa salive. « La seule façon de le savoir, c'est d'atterrir !

— Bon, on ne peut pas rester en l'air toute la journée, dit Leonardo. Et on ne peut pas appeler un dépanneur, à cette altitude.

— Alors, pourquoi ne pas contacter M. Je-Sais-Tout ? » fit Donatello, en fourrageant dans sa trousse. Il en sortit une poignée de tournevis et d'autres outils. « Service assuré vingt-quatre heures sur vingt-quatre ! » Il se mit en devoir d'ouvrir la porte.

« Oh non ! protesta Raphaël. Don, je regrette ce que j'ai dit tout à l'heure. Je t'en prie, ne va pas te promener dehors sans parachute, hein ? Si tu tombes de cette hauteur, il ne restera pas assez de toi pour garnir une pizza !

— Oui, tu serais réduit en marmelade », approuva Michelange.

Leonardo réfléchit un moment. « Je crois que nous n'avons pas le choix. Si Don ne répare pas le train d'atterrissage, nous sommes tous perdus. Mais sortir comme ça n'est pas conseillé : à cette vitesse, le vent te ferait basculer. J'ai un plan pour rendre la chose plus sûre. »

Leonardo exposa hâtivement son idée à Splinter et aux autres, et ils s'activèrent à la mettre en pratique. Splinter et Leonardo s'arc-boutèrent et, saisissant les jambes de Raphaël et de Michelange, les suspendirent de chaque côté de l'avion. Raphaël et Michelange étaient donc accrochés tête en bas, et tenaient chacun une manche d'un imperméable, formant ainsi une sorte de hamac sous l'appareil. Mieko réduisit les gaz le plus possible, et Donatello descendit, s'attachant au hamac improvisé de manière à garder les mains libres pour travailler.

« On devrait donner des spectacles d'acrobaties aériennes, dit Leonardo, en serrant les dents sous l'effort.

— Je crois... que c'est ce que... nous sommes en train de faire... Leonardo », grommela Splinter. Le vénérable rat n'était plus aussi fort que ses jeunes élèves, mais sa détermination était telle qu'il aurait préféré tomber plutôt que lâcher les pieds de Michelange.

Pendant ce temps, Donatello s'affairait fébrilement sur le train d'atterrissage. Oscillant dangereusement dans les rafales de vent, il inspecta le mécanisme jusqu'à ce qu'il ait découvert l'origine de la panne : un fil électrique qui s'était détaché. Le courant lui picota les doigts tandis qu'il le remettait en place, mais par chance, le voltage n'était pas assez fort pour lui faire du mal. « Heureusement que nous n'avons pas pris le train, cria-t-il à Raphaël. J'aurais été réduit en cendres si j'avais dû faire un truc pareil sous la locomotive. »

Raphaël secoua la tête. Il n'entendait pas son frère, dans le vacarme des moteurs et du vent. Soudain, ses yeux s'agrandirent, et Donatello leva la tête : le train d'atterrissage se dépliait. Mieko avait oublié de redresser la manette, et maintenant que notre bricoleur avait réglé le problème, les roues descendaient, comme elles devaient le faire. L'ennui, c'est qu'il était toujours en dessous !

Dans quelques instants, la force des puissantes roues l'arracherait aux mains de ses frères. Saisissant les poignets de Raphaël, il donna un coup de pied dans l'imperméable pour faire lâcher prise à Michelange ; il fit un saut périlleux et se raccrocha à l'aile. Il vit par la porte ouverte le visage de Leonardo se crisper sous l'effort. Même lui, tout costaud qu'il fût, ne pourrait supporter longtemps le poids de ses deux frères, Raphaël et Donatello.

Heureusement, il n'eut pas à le faire. Splinter avait réagi dès qu'il avait senti la traction diminuer de son côté, et avait aidé Michelange à remonter. Tous trois combinèrent leurs forces pour hisser Raphaël et Donatello à l'intérieur de la cabine.

« Bon sang ! haleta Michelange, quand tout le monde fut à bord sain et sauf, et qu'on eut refermé la porte. Je ne me plaindrai plus jamais du dirigeable. Tu parles d'une balade !

— Croyez-moi, dit Mieko, les atterrissages ne sont pas toujours aussi mouvementés.

— C'est ma digestion qui l'a été, répliqua Raphaël. Mon petit déjeuner est remonté dans mon estomac. Ou alors il est redescendu. Difficile à dire, quand on est suspendu dans le vide.

— Tenez-vous bien », avertit Mieko. Une série de cahots leur apprit qu'ils avaient touché le sol. « Désolée pour cet atterrissage un peu brutal, dit-elle, en roulant vers le hangar, j'ai les nerfs assez tendus.

— Pas comme le fil électrique, intervint Donatello. Et je vais vous dire autre chose. Il avait été déconnecté, mais le contact a été maintenu quelque temps, par une étincelle qui a jailli à travers l'intervalle. C'est pourquoi nous avons pu rentrer le train d'atterrissage après le décollage. Cela devait durer depuis un certain temps, car l'isolant était légèrement noirci par cette émission continue d'étincelles.

— Alors ? Que veux-tu dire, Don... en mots d'une syllabe, je t'en prie ? interrogea Leonardo.

— Tout simplement que le train d'atterrissage a sans doute été saboté avant même que Mieko ne décolle vers New York. Quelqu'un ici, sur le chantier de la Kito Corp, ne voulait pas qu'elle vive assez longtemps pour entrer en contact avec nous ! »

4

Bientôt, Mieko emmenait Splinter et ses élèves devant la clôture entourant le chantier.

« Waou ! dit Michelange, en gonflant la poitrine. Respirez le bon air de la campagne, les gars... cela nous change un peu des égouts ! Est-ce que vous n'adorez pas cette nature vierge de toute pollution ?

— Humph ! grommela Raphaël. Combien de temps crois-tu qu'elle le restera, une fois qu'ils auront bâti quelques hôtels ici ? »

Mieko s'arrêta près du grillage et

attendit, bras croisés, qu'ils lui accordent leur attention.

«Cette clôture est destinée à empêcher les animaux sauvages de pénétrer dans le chantier et de se blesser, expliqua-t-elle. La Kito Corporation ne s'attendait pas à avoir affaire à des intrus quand elle a commencé les travaux.

— Cette clôture ne semble pas avoir été forcée, fit remarquer Splinter. Normalement, un intrus aurait dû la cisailler.

— Il est peut-être passé pardessus ?» suggéra Michelange.

Splinter hocha la tête. «Dans ce cas, nous devrions trouver un endroit où le grillage a été déformé. Il ne semble pas assez robuste pour supporter le poids d'un homme adulte.»

Les Tortues jetèrent un regard sur la clôture et gémirent : «Mais, maître, il doit y avoir des kilomètres de grillage, protesta Raphaël.

— Raison de plus pour ne pas perdre un instant ! déclara Splinter, en s'éloignant d'un pas décidé.

— Les gars, nous savons ce qu'il

nous reste à faire, dit Leonardo. Mais nous gagnerons du temps en nous séparant. Mike, tu vas chercher dans cette direction, avec Don et Mieko. Raph et moi, nous aiderons Splinter.

— Mais que cherchons-nous, Leo ? interrogea Michelange.

— N'importe quoi ! Une déformation dans le grillage, des empreintes de pas, un lambeau de vêtement... N'importe quoi ! »

Ce fut en fin de compte l'œil perçant de Splinter qui découvrit l'indice. Tout en haut de la clôture, il repéra quelque chose qui flottait dans la brise tiède de la mi-journée. Il appela les autres et demanda à Donatello de faire tomber l'objet en se servant de son bo. La chose se révéla être une touffe de fourrure brun-roux.

« C'est un simple morceau de fourrure de renard, maître, dit Michelange, toujours prompt à émettre un jugement hâtif.

— Michelange, fit Splinter patiemment. Regarde la clôture. Que peux-tu en dire ? »

Michelange se gratta la tête. « Euh... eh bien... elle est en fil de fer, maître. »

Splinter soupira. « Oui. Autre chose ? Sa hauteur, par exemple ?

— Environ trois mètres cinquante », estima Michelange. Il réfléchit un instant. « ...oh, oui ! C'est trop haut pour un renard, je présume.

— Le grillage n'est pas déformé, observa Donatello, qui s'était livré à une inspection minutieuse. Quel qu'il soit, l'intrus ne l'a pas escaladé.

— Il a peut-être sauté, dit Raphaël.

— A l'aide d'une perche, vraisemblablement », approuva Leonardo. Il se hissa par-dessus la clôture et alla examiner le sol de l'autre côté. « Pas de trace de perche, cria-t-il. Cela aurait sûrement laissé une marque sur le gazon. »

Splinter prit un ton doctoral. « Résumons la situation. Un intrus est entré par ici, laissant une touffe de fourrure de renard au sommet de la clôture. Puisqu'il ne l'a ni escaladée, ni franchie à l'aide d'une perche, il a dû simplement effectuer un saut en hauteur...

— De trois mètres cinquante ! fit Leonardo, qui les avait rejoints. Cet intrus s'est trompé de métier ; il devrait s'inscrire aux Jeux Olympiques. »

Mieko paraissait extrêmement troublée. « Tout cela me semble étrangement familier et me rappelle les légendes de mon enfance. Maître Splinter, vous connaissez ces vieilles histoires à propos des *kitsune :* les Esprits-Renards millénaires.

— Les Esprits-Renards ? interrogea Raphaël. Qu'est-ce que c'est ?

— Des sortes de génies japonais, expliqua Mieko. Ils ont l'aspect de renards la plupart du temps, mais ils peuvent prendre n'importe quelle forme s'ils le désirent. Ils possèdent des pouvoirs magiques, et en fait, beaucoup de ninja pensent que l'art du ninjutsu fut à l'origine enseigné aux humains par les Esprits-Renards.

— Waou ! s'exclama Michelange. Et nous allons en rencontrer un !

— Cette idée n'est peut-être pas si réjouissante, répondit Mieko. Les Esprits-Renards peuvent parfois se montrer bienveillants, mais tout aussi souvent hostiles. S'il s'agit bien d'un Esprit-Renard et s'il a une raison pour vouloir saboter le projet, nous avons peut-être affaire à trop forte partie.

— Aucune tâche n'est au-dessus de nos forces, fanfaronna Michelange.

— Oui, en ce qui te concerne, aucune pizza n'est trop grosse pour toi, dit Leonardo.

— Parfois, je me demande si Mike est vraiment une tortue mutante, déclara Donatello. J'ai plutôt l'impression que c'est une poubelle mutante !

— Oh, arrêtez, les gars ! protesta Michelange. Qu'en pensez-vous, maître ? Est-ce possible que ce soit l'œuvre d'un Esprit-Renard ? »

Splinter se caressa pensivement la mâchoire. « Hmm... J'en doute, mes fils, il y a trop de " si ". Même si les Esprits-Renards existaient vraiment, pourquoi l'un d'eux aurait-il quitté le Japon pour débarquer sur la côte est des Etats-Unis ?

— Et pourquoi pas, maître ? intervint Raphaël. Vous l'avez bien fait, vous.

— De plus, poursuivit Splinter, ignorant l'interruption, comment un Esprit-Renard saurait-il saboter un avion ? »

Mieko n'était pas convaincue par le scepticisme de Splinter. « Je vais essayer de trouver du poisson séché, dit-elle. D'après la légende, c'est le mets préféré des Esprits-Renards, et je pourrais l'utiliser comme appât. »

Splinter haussa les épaules. « Comme tu voudras, Mieko. Néanmoins, je pense qu'il existe une explication plus logique à ces événements. Mes disciples et moi monterons la garde cette nuit, au cas où le mystérieux visiteur reviendrait.

— Une nuit à la belle étoile, marmonna Raphaël à ses frères. Super ! J'aimerais mieux être à la maison et regarder la télé.

— C'est l'occasion ou jamais de passer ton brevet de scoutisme, Raph, plaisanta Leonardo. Apporte les marshmallows, j'apporterai la limonade. »

5

Quelques heures après le coucher du soleil, les Tortues et leur maître se postèrent à l'affût du saboteur. Ils choisirent pour cela le terrain de golf, dont l'aménagement avait été terminé le jour même. Il devait être inauguré d'ici une semaine, et un championnat de golf télévisé s'y déroulerait pour l'occasion. Comme l'affirmait Splinter : « Si l'intrus veut commettre des dégâts, c'est là qu'il frappera, selon toute vraisemblance. »

Cachés dans un buisson, en dessous d'un bouquet d'arbres, ils attendirent que la lune se lève. Il était à présent minuit passé. Au loin, une chouette hulula.

Quelque chose tracassait Michelange depuis un bon nombre d'heures. A la fin, il ne put contenir sa curiosité plus longtemps. « Maître, demanda-t-il, pourquoi appelle-t-on l'espace autour des trous le " green " ? Le terrain n'est pourtant pas entièrement vert ?

— Ce lac, là-bas, ne l'est pas, renchérit Donatello.

— Ni ces sablières, ajouta Leonardo. C'et un peu imprudent d'en laisser partout sur le terrrain, non ? Et si quelqu'un y fait tomber sa balle par accident ?

— C'est ce qu'on appelle des obstacles, expliqua Splinter, qui suivait parfois les matches de golf à la télévision, tard le soir, quand les Tortues étaient endormies. Le but du jeu consiste à envoyer la balle dans le trou en évitant ces obstacles. Maintenant, silence, vous tous ; il ne faut pas faire fuir le saboteur.

— Je ne suis pas sûr qu'il vienne, ronchonna Raphaël. Et j'ai le pied tout engourdi, à force de rester accroupi. » Il se tortilla, pour adopter une position plus confortable.

« De quoi te plains-tu, Raph ? demanda Leonardo. Au moins, le temps est sec. Imagine, si nous avions dû faire ça en plein hiver !

— Je ne... commença Raphaël. Hé ! Regardez là-bas ! »

Scrutant les ténèbres, ils aperçurent une silhouette qui se glissait sur le terrain de golf. En ninja expérimentés, ils possédaient une excellente vision nocturne, mais malgré tout, la forme était à peine discernable sous la clarté des étoiles. Elle visitait chaque trou, l'un après l'autre, et semblait verser dans chacun d'eux le contenu d'une boîte qu'elle portait.

« Qu'est-ce qu'il fabrique ? murmura Donatello. Je n'arrive pas à voir, d'ici.

— Je peux te dire une chose : il n'arrose pas les fleurs, répondit Leonardo. Est-ce qu'on lui saute dessus, maître ? »

Splinter chuchota d'une voix calme : « Je vous ai mis en garde hier contre un usage irréfléchi de la violence. Nous allons le suivre jusqu'à son repaire. Il a peut-être des complices. »

Quand l'intrus s'éloigna, ayant fini sa tâche, les Tortues émergèrent des buissons et le suivirent silencieusement. En passant devant l'un des trous, Donatello se livra à un rapide examen et annonça à Splinter : « Il les a remplis de ciment à prise rapide. De quoi empêcher le championnat de golf, pas de doute.

— Ne perdons pas le saboteur de vue », dit Donatello.

Quand l'intrus se rapprocha de la clôture, ils le virent mieux. Et le spectacle avait de quoi les stupéfier. Ce n'était pas un homme, mais une petite créature souple et couverte de fourrure. Elle portait une sorte de harnais fait d'anneaux de métal auxquels étaient accrochés des objets hétéroclites, au nombre desquels figurait ce qui ressemblait fort à un pistolet. Et, détail incroyable, elle était pourvue d'une queue !

« Comment va-t-il franchir la clôture ? » murmura Leonardo.

Il obtint la réponse un instant après.

L'étrange créature s'arrêta au pied du grillage et, d'un seul coup, fit un bond qui la transporta de l'autre côté !

« Bel exploit ! dit Donatello, avec un sifflement d'admiration.

— Pas mal, reconnut Michelange. Hé, les gars, ne le laissons pas s'échapper ! »

Ils escaladèrent la clôture avec agilité, puis se lancèrent aux trousses du saboteur. C'était l'une des filatures les plus difficiles qu'ils avaient eu à accomplir, et ils durent faire appel à toutes leurs connaissances dans l'art millénaire de l'invisibilité. De temps à autre, l'intrus s'immobilisait pour humer l'air, comme averti par un sixième sens que quelqu'un le suivait. Une ou deux fois, il se retourna, et les Tortues durent se jeter rapidement et sans faire de bruit dans les fourrés les plus proches, pour éviter d'être vues.

La poursuite les entraîna pendant un quart d'heure à travers les collines boisées au nord du parc. Puis, leur proie arriva enfin à destination : un tunnel dissimulé dans un talus couvert de mousse, sous les branches d'un immense vieux chêne.

Splinter commanda à ses élèves de s'arrêter, et fit le point de la situation. « Il faut agir avec prudence, leur dit-il. Vous avez déjà constaté que notre adversaire est adroit et vigilant. Nous devrons l'être davantage.

— Maître, demande Michelange, formulant la question que tous se posaient, est-ce bien un Esprit-Renard ? Ça y ressemble drôlement, à mon avis, et Mieko dit que ce sont les Esprits-Renards qui ont inventé le ninjutsu.

— Ouais, approuva Raphaël. Essayer de battre un type comme ça au ninjutsu, ce serait comme vouloir apprendre à notre grand-mère à gober les œufs !

— Ta grand-mère *pondait* des œufs, crétin, elle ne les gobait pas ! » répliqua Leonardo. Il parlait avec assurance, pour leur remonter le moral, mais prit un ton moins confiant pour glisser en aparté à Splinter : « Qu'en pensez-vous, maître ?

— Notre adversaire est doué, avoua Splinter, d'une voix calme et résolue. J'ai pu m'en rendre compte, à la façon dont il a essayé de nous semer. Mais nous avons cependant réussi à le suivre jusqu'ici, et en unissant nos efforts, nous l'emporterons certainement, si habile soit-il. »

Les Tortues s'avancèrent vers le tunnel dans lequel l'étrange créature avait disparu. A l'intérieur, aucune lumière. Leonardo marchant en tête, ils progressèrent à tâtons dans l'obscurité. Le discours réconfortant de Splinter avait dissipé leurs doutes. Ils étaient à présent pleins de détermination, et tenaient leurs armes d'une main ferme.

Mais Donatello se posait encore des questions. « Et ses pouvoirs magiques ? demanda-t-il à Splinter.

— Donatello, je suis sûr d'une chose : nous n'avons pas affaire à un être mythique. Un Esprit-Renard aurait pris n'importe quelle forme pour nous abuser, pour nous faire perdre sa piste. Rassure-toi, les pouvoirs de notre adversaire n'ont rien de surnaturel.

— Très juste, dit une voix, bien qu'ils ne soient pas vraiment naturels dans ce monde-ci ! »

Ils se retournèrent vivement, car la voix venait de quelque part derrière eux. Leur adversaire les avait attirés dans un piège !

6

Une torche électrique s'alluma, et ils virent comment le saboteur avait réussi à se glisser derrière eux. Il émergeait d'un renfoncement dans la paroi du tunnel. Il avait attendu leur passage, prêt à sortir de sa cachette dès qu'ils se seraient enfoncés dans son repaire.

De près, dans la lumière vive de la lampe, ils s'aperçurent qu'il ne ressemblait pas vraiment à un renard. Il avait une fourrure rousse et une queue touffue, mais son museau était plus court que celui d'un renard, et ses oreilles évoquaient plutôt celles d'une chauve-souris.

S'abritant les yeux de la clarté aveuglante, Splinter fit un pas en avant, puis découvrit le pistolet laser que le saboteur tenait dans son autre main. « Qui êtes-vous ? » demanda-t-il d'une voix impassible. Il voulait gagner du temps, calmer le jeu. Les Tortues étaient assez emportées pour sauter sur l'agresseur, et Splinter ne voulait pas que l'une d'elles reçoive un rayon laser.

« Je suis Karu », répondit l'étranger, en parlant dans une sorte de micro fixé sur son harnais, et qui traduisait apparemment ses paroles. « Comme vous commencez peut-être à vous en douter, je ne suis pas de cette planète. Je suis un voyageur interstellaire, et je viens d'une planète proche de l'étoile que vous appelez Sirius.

— *Siriusement ?* lança Raphaël.

— Vous doutez de mes affirmations ? dit Karu. Regardez, Terriens. » Il dirigea le faisceau de sa torche vers le fond du tunnel.

« *Terriens,* railla Donatello. C'est un

mot que l'on n'emploie guère en dehors des mauvais films de science-fiction des années 50 ! »

Il se tourna pourtant comme les autres dans la direction indiquée par Karu. Le rayon de la lampe éclairait les contours métalliques d'un véhicule qui avait tout d'une capsule spatiale, niché au bout du tunnel. Plus remarquable encore, les racines du chêne qu'ils avaient vu tout à l'heure s'étalaient autour du vaisseau.

« Ça doit faire un sacré bout de temps que tu es ici, vieux, déclara Michelange. On dirait que tu as pris racine.

— Ceux de ma race vivent très longtemps, reconnut Karu. Je suis sur votre planète depuis des centaines d'années. Mon peuple est renommé dans toute la galaxie pour son amour de la chasse, voyez-vous. Nous voyageons pendant des années-lumière pour découvrir des planètes riches en gibier. La Terre s'est révélée un excellent terrain de chasse, et j'y ai trouvé de grandes satisfactions. C'est l'une des rares planètes encore intactes de ce côté-ci de la galaxie. Ou en tout cas, elle l'était jusqu'à maintenant. Je ne crois pas que cela dure plus d'un siècle, à l'allure où vous déboisez.

— Je suis de votre avis, en ce qui concerne la destruction du patrimoine naturel, concéda Splinter. Cependant, vous ne pouvez pas saboter un chantier simplement parce que cela risque de vous priver du plaisir de chasser.

— Ouais, mec, intervint Michelange, en allant se placer à côté de son maître. Pour moi, tu es vraiment ce qu'on appelle un indésirable !

— Absurde ! jeta Karu dans son traducteur. Je fais ce que bon me semble. J'ai pris conscience que vous me suiviez, et je vous ai attirés jusqu'ici, pour mieux vous piéger. Maintenant, comme vous le voyez, je vous tiens au bout de mon pistolet et vous n'avez que des bâtons et des couteaux. Comment comptez-vous m'arrêter ?

— Donatello, dit Splinter, en réponse à la tirade de l'extra-terrestre, veux-tu éclairer cet individu, s'il te plaît ? »

Leurs paroles étaient traduites simul-

tanément par l'appareil dans la langue de Karu, et il fallut à ce dernier une fraction de seconde pour comprendre le sens exact de ce que Splinter venait de dire. Trop tard : Donatello avait allumé sa mini-torche et la braquait droit dans les yeux sensibles de l'extra-terrestre.

« Ahhh ! » hurla Karu, levant la main pour se protéger. Comme il reculait en titubant, ébloui, Splinter se rua sur lui.

Mais Karu se remit de sa surprise plus vite qu'ils ne l'avaient escompté. Quand Splinter saisit la main qui tenait l'arme et l'obligea à se lever, Karu appuya sur la détente. Un éclair fulgurant de lumière laser passa au-dessus de la tête de Splinter, lui roussissant le poil, et transperçant la voûte du tunnel. Dans un fracas assourdissant, un déluge de terre et de rochers s'abattit sur eux.

Sans lâcher Karu, Splinter recula jusqu'à l'entrée du tunnel. Brusquement, le nuage de gravats se dissipa : ils étaient à l'air libre. Imité par Karu, Splinter toussa pour chasser la poussière de ses poumons ; puis il regarda derrière lui et son estomac se contracta. Le pistolet laser avait provoqué un éboulement qui avait complètement obstrué le tunnel. Les Tortues étaient enterrées vivantes !

7

Splinter s'apprêtait à déblayer l'éboulis à mains nues, mais Karu ne lui en laissa pas le temps. Abaissant son pistolet laser, l'extra-terrestre tira à bout portant. Tout autre que Splinter aurait été grillé sur place, mais notre ami était trop rapide et rusé pour se laisser surprendre par un rayon laser. En une rapide série de mouvements ninja, il échappa aux tirs répétés de Karu et disparut dans un taillis.

Karu cessa le feu. Splinter ne s'attendait pas à plus d'une minute de répit, car le pistolet laser pouvait manifestement brûler toutes les broussailles en une seconde. Mais Karu, semblait-il, ne tenait pas à déclencher un incendie de forêt — à moins que son arme ne contînt qu'une charge limitée.

Il y eut un silence, puis la voix traduite et synthétisée de l'extra-terrestre résonna : « Montre-toi, Terrien. Si tu sors de ta cachette tout de suite, tu auras la vie sauve.

— Non, Karu, répondit Splinter. Je ne suis pas né d'hier. » Il s'écarta prestement pour esquiver le rayon que Karu avait lancé en direction de sa voix. « Bien, songea Splinter en lui-même ; si ce pistolet contient un nombre limité de charges, je vais peut-être arriver à les lui faire toutes gaspiller. »

Il jeta un regard à travers le feuillage. Karu décrochait un autre appareil de son harnais et le balançait d'avant en arrière. Splinter devina qu'il s'agissait d'une sorte de détecteur à infrarouges. Il regarda le tunnel obstrué, puis le chantier derrière lui, en bas des collines. En supposant que les Tortues soient encore en vie (et Splinter refusait de penser différemment), elles devaient être en train de se frayer un passage vers la sortie, en ce moment même. Si Karu était encore là quand elles émergeraient, elles seraient pour lui des cibles faciles. Splinter devait à tout prix l'entraîner loin de là. Mais comment... ?

Puis il sut. Chaque adversaire détient la clé de sa propre défaite, et Karu avait montré à Splinter son point faible. Utilisant son talent de ventriloque, Splinter s'écria d'une voix qui semblait provenir d'ailleurs : « Tu n'as pas affaire à un animal sans défense, cette fois, Karu. Je doute que tu puisses m'inscrire à ton tableau de chasse. »

Un arbre voisin s'enflamma sous l'action du laser. Splinter projeta sa voix dans l'autre direction. « Ces joujoux high-tech t'ont amolli, Karu. Regarde, tu ne sais même plus tirer droit ! »

Un autre rayon désintégra un buisson à quelques mètres sur la gauche. Eh bien, il avait réussi à détourner l'attention de Karu, maintenant. Poussant un cri de défi, il dévala le flanc de la colline.

Karu se lança à sa poursuite, déchargeant son arme chaque fois qu'il apercevait le vieux rat. Mais Splinter recourut à toute sa science ninja, et, même si un ou deux tirs firent monter dans l'air une odeur de roussi, aucun d'eux ne le blessa. Devant lui se dressait la clôture. Splinter rassembla ses forces et sauta, en s'aidant de la main. Revenu sur le terrain de golf, il se sentit plus en sécurité. Il avait passé tout l'après-midi à se familiariser avec le lieu. Ici, il avait l'impression de détenir l'avantage sur son adversaire.

Arrivé à la clôture, Karu la franchit d'un bond, comme il l'avait fait plus tôt. Originaire d'une planète où la pesanteur était plus élevée que sur la Terre, ce genre d'obstacle ne lui posait aucun problème. Mais il eut la contrariété de constater que le Terrien avait disparu. En jurant, il sortit son détecteur à infrarouges et balaya le terrain. Réagissant à la chaleur animale, l'appareil lui permit de voir les traces de sa proie sur le gazon. Serrant dans sa main le pistolet laser, Karu se remit en chasse.

La piste l'amena jusqu'au lac au

centre du terrain ; elle s'évanouissait au bord de l'eau. Karu fit claquer sa langue, admiratif. Le Terrien était malin, pas de doute — mais pas assez malin. Karu longea la rive du lac jusqu'à ce qu'il ait repéré le roseau creux pointant à la surface. Il prit une expression qu'un autre habitant de Sirius aurait reconnue pour un sourire. Astucieux Terrien, qui utilisait un roseau en guise de tuba ! Mais pas assez astucieux pour lui. Karu visa le roseau et tira.

Hissss ! Aussitôt, un immense nuage de vapeur s'éleva à l'endroit où le rayon laser avait touché l'eau. Karu recula, effaré. Seule sa fourrure l'empêcha d'être gravement ébouillanté. Avant qu'il ait retrouvé son équilibre, un pied jaillit derrière lui et projeta l'arme dans le lac.

Karu fit volte-face et se trouva devant Splinter. « Hein ? s'étrangla-t-il dans son traducteur. Mais je croyais...

— Ce que j'ai voulu te faire croire, scélérat, dit Splinter, en lui décochant un nouveau coup de pied. Le ninjutsu est l'art de tromper l'adversaire. »

Karu battit en retraite, parant les attaques de Splinter jusqu'à ce qu'il ait réussi à appuyer sur un bouton de son harnais. « Qu'est-ce que ton art, ricana-t-il, en commençant à s'estomper, comparé à la science de l'invisibilité ? »

En quelques secondes, il avait complètement disparu, grâce à un effet d'optique créé par un gadget incorporé à son harnais. N'importe quel ninja aurait donné son bras droit pour posséder ce gadget, mais Splinter n'avait pas le temps de méditer là-dessus. A présent, il devait affronter un ennemi invisible et ne savait pas où frapper...

... « Ni comment esquiver les coups », se dit-il, quand une contre-attaque de Karu l'envoya voltiger à plusieurs mètres. Manifestement, l'extra-terrestre n'était pas opposé au combat à mains nues, du moment qu'il pouvait utiliser un avantage déloyal. Splinter se glissa hors de sa portée et fit mine de s'enfuir. « Bien sûr, le ninjutsu est, entre autres choses, l'art d'utiliser les avantages déloyaux », se dit-il en lui-même, avec un sourire.

Il entendait Karu derrière lui, lancé à sa poursuite. Les longues enjambées de l'extra-terrestre lui permettraient de rattraper Splinter très vite, sur terrain plat. Heureusement, c'était exactement ce que Splinter escomptait. Il écouta attentivement, mesurant le rythme des foulées de Karu qui se rapprochait.

Soudain, Splinter se retourna et s'arrêta net, se découvrant à son adversaire. « Je suis ici, Karu, viens me chercher », dit-il, en simulant l'essoufflement. A vrai dire, il n'avait guère besoin de simuler, car l'exercice physique, à son âge, se révélait exténuant !

Karu, voyant sa proie épuisée, poussa un grognement de triomphe et bondit sur Splinter. Avec une parfaite synchronisation, celui-ci se baissa, et l'extraterrestre, incapable de s'arrêter, passa au-dessus de sa tête. Il atterrit au beau milieu d'un obstacle de sable.

C'était l'occasion espérée par Splinter, et il n'allait pas la laisser passer. L'impact sur le sable lui révélait l'endroit où son adversaire était retombé. S'emparant d'un mât de drapeau en guise de bo, il s'élança et administra un puissant coup de bâton qui fit jaillir des étincelles du harnais de Karu. L'extra-terrestre redevint visible, car le choc avait déclenché un court-circuit dans les systèmes intégrés à son harnais.

Affalé sur le sable, Karu paraissait réduit à l'impuissance. Splinter jeta un regard en direction de la forêt. Il était inquiet pour ses élèves, et avait hâte de retourner là-bas pour les dégager.

Il aurait dû savoir qu'il ne fallait pas quitter des yeux son adversaire, même pour une fraction de seconde. Karu avait sorti un pistolet à flèches de sa ceinture. Contrairement à ses autres gadgets, celui-ci fonctionnait à l'air comprimé, et non grâce à la source d'énergie fournie par le harnais. Il projetait une fléchette dont la pointe était enduite d'une substance paralysante. Maintenant, il tenait ce gêneur de Terrien. Splinter regarda autour de lui, mais il n'avait pas le temps de trouver un subterfuge...

C'est alors que quelque chose traversa l'air en sifflant, et vint arracher l'arme de la main de Karu. L'objet atter-

rit dans le sable avec un bruit mou, et Splinter le contempla, aussi ébahi que Karu. C'était une balle de golf !

« Ouh-ouh ! Maître ! appela la voix de Michelange, dans le lointain. Je crois que je commence à comprendre les règles de ce jeu !

— Ainsi... CRRR... tes compagnons ont réussi à sortir du... ZZAP... tunnel », dit Karu, dont le traducteur avait été quelque peu endommagé. Il s'accroupit dans le sable et tendit la main vers le pistolet à flèches.

« Dis-moi, fit remarquer Splinter d'un ton négligent, sais-tu que ta queue est en train de flamber ?

— Quoi... ? » fit Karu, en se retournant, horrifié. Il comprit, trop tard, qu'il avait été berné quand le bo improvisé de Splinter lui faucha les jambes avant de venir s'écraser sur sa gorge, l'empêchant de se relever.

« Une ruse vieille comme le monde, dit Splinter, quand les Tortues le rejoignirent au pas de course. Mais ce sont celles que je préfère.

— Maître, vous êtes super ! » déclara

Michelange, qui tenait encore la canne de golf avec laquelle il avait expédié la balle magistrale qui avait désarmé Karu. « Nous étions inquiets.

— Pas aussi inquiets que moi, j'en suis sûr, Michelange. Comment avez-vous réussi à vous dégager si vite, mes fils ?

— Facile, répondit Leonardo, visiblement très content de lui. Au lieu d'agir comme tout le monde l'aurait fait, et de creuser vers la sortie, nous avons enlevé les débris entourant le vaisseau de l'extra-terrestre. Il y avait des outils à bord de l'appareil, bien sûr : pelles, pioches, etc. Il en avait eu besoin pour creuser une cachette pour sa capsule.

— Excellent, mes enfants. Je suis fier de vous.

— Qu'allons-nous faire de ce sinistre crétin, maître ? demanda Raphaël. Un sale type comme lui ne devrait pas rester en liberté, mais nous pouvons difficilement le livrer à la police. Ils ne croiraient déjà pas à notre existence, alors, un extra-terrestre venu de Sirius... !

— Ouais, ajouta Donatello, et c'est nous qui ressemblons le plus à des petits hommes verts. »

Splinter plissa les yeux et fixa Karu d'un air courroucé. « Tu es désarmé et sans défense, à présent, alors je te conseille de m'écouter attentivement, dit-il à l'extra-terrestre.

— J'écoute, répondit Karu d'un ton accablé, dans les crachotements de son traducteur. Tu m'as... BZZ... vaincu et selon le code de la... BZZT... chasse, je dois me soumettre à tes décisions.

— Très bien. Tu vas quitter la Terre, et trouver une autre planète pour te livrer à ton sport. De plus, tu dois jurer de ne plus jamais blesser ou tuer de créature vivante pour le plaisir. »

Karu était mortifié. « A quoi bon... FZZAT... chasser si je ne peux pas tuer? Où est... ZZING... l'amusement? gémit-il.

— Hé, qu'est-ce que cela a d'amusant de tirer au pistolet laser sur un animal sans défense, abruti? interrogea Raphaël.

— Merci, Raphaël, dit Splinter, en feignant de se méprendre, mais je ne suis pas un animal sans défense. » Se tournant vers Karu, il reprit : « Tu t'apercevras peut-être qu'il est beaucoup plus intéressant d'observer simplement les animaux. A quoi bon les tuer, si ce n'est pas pour les manger ?

— Ouais, si tu as absolument besoin de les mitrailler, fais-le plutôt avec un appareil photo ! » ajouta Donatello.

Malgré ses protestations, Karu dut s'incliner, obéissant à son code de l'honneur. Il se laissa ramener à son vaisseau et, moins d'une heure après, il avait décollé, pour ne plus jamais revenir.

« Comment allons-nous expliquer ça à Mieko ? se demanda Donatello à voix haute. Un chasseur extra-terrestre, venu d'une lointaine planète ? Elle va croire que nous sommes devenus fous ; cela semble trop invraisemblable !

— Si elle était prête à admettre l'existence d'un Esprit-Renard, répondit Raphaël, elle doit pouvoir croire à n'importe quoi ! »

Tandis que ses frères regardaient les

flammes des réacteurs diminuer dans le ciel, pour se perdre dans les étoiles, Leonardo prit à part son vénérable maître. « Vous savez, ce duel entre vous deux aurait pu se terminer par une tragédie. L'extra-terrestre était très adroit et, contrairement à vous, il n'aurait pas hésité à tuer. Les renards ne sont-ils pas réputés pour leur ruse, après tout ?

— Peut-être, Leonardo, répondit Splinter, avec un clin d'œil. Mais les rats sont encore plus scélé... rats, c'est pourquoi ils gagnent à tous les coups ! »

Loi n° 49956 du 16 juillet 1949 sur les publications destinées à la jeunesse
Imprimé en France par Hérissey à Évreux N° 53940
Dépôt légal n° 2181-03-1991 – Collection N° 54 – Édition N° 01

22/2722/1